AF240232

CATALOGUE

D'UNE JOLIE COLLECTION

DE

TABLEAUX ET DESSINS

MODERNES,

DONT LA VENTE AURA LIEU

Le Lundi 30 Avril et Mardi 1er Mai 1849,

HOTEL DES VENTES MOBILIÈRES,

RUE DES JEUNEURS, N° 42,

Salle n. 1.

Par le ministère de Mᶜ **BONNEFONS DE LAVIALLE**,
Commissaire-Priseur, rue de Choiseul, 11,

Assisté de M. **SCHROTH.** Appréciateur, rue de la Fontaine-
Molière, n° 33,

Chez lesquels se distribue le présent Catalogue.

EXPOSITION PUBLIQUE

Le Dimanche 29 Avril 1849, de midi à 5 heures.

PARIS.

IMPRIMERIE ET LITHOGRAPHIE MAULDE ET RENOU
Rue Bailleul, 9 et 11, près du Louvre

1849

CATALOGUE

D'UNE JOLIE COLLECTION

DE

TABLEAUX ET DESSINS

MODERNES,

DONT LA VENTE AURA LIEU,

Les Lundi 30 Avril et Mardi 1er Mai 1849,

HOTEL DES VENTES MOBILIÈRES,

RUE DES JEUNEURS, N° 42,

SALLE N° 1.

Par le ministère de M° **BONNEFONS DE LAVIALLE**,
Commissaire-Priseur, rue de Choiseul, 11,

Assisté de M. **SCHROTH**, Appréciateur, rue de la Fontaine-Molière, 33,

Chez lesquels se distribue le présent Catalogue.

EXPOSITION PUBLIQUE

Le Dimanche 29 Avril 1849, de midi à 5 heures.

PARIS.

IMPRIMERIE ET LITHOGRAPHIE DE MAULDE ET RENOU,
RUE BAILLEUL, 9-11.

—

1849

8259

CONDITIONS DE LA VENTE.

Elle sera faite au comptant.

Les acquéreurs paieront en sus des adjudications, cinq centimes par franc applicables aux frais.

DÉSIGNATION

DES TABLEAUX.

M. AUVRAI.

1 — Paysan romain embrassant une jeune fille près d'un fontaine.

M. BARON.

2 — Jeune femme assise au bord d'un ruisseau.

M. BOUTON.

3 — Intérieur gothique en ruines.

M. BRUN.

4 — Une dernière flamme.

M. BEAUME.

5 — Jeune fille au bord de la mer.

M. BRISSOT.

6 — Paysage : sur le devant, une mare et deux personnages.

7 — Chaumière en Normandie.

M. COTTREAU.

8 — Saint Hubert en prières.

9 — La Nativité de Notre-Seigneur.

M. CABAT.

10 — Paysage avec femme passant sur un pont.
Genre historique.

Mme CAVÉ.

11 — Jeune fille endormie au pied d'un arbre.
12 — Une mère regardant ses enfants avec satisfaction.

M. CHARPENTIER.

13 — Pomone.

M. CARELLI.

14 — Marine : vue de la Méditerranée.

M. COIGNET (Léon).

15 — Episode de la retraite de Russie.

M. COIGNET (Jules).

16 — Vue des ruines de Karnac, en Egypte.
17 — Vue d'une ville de la Thébaïde.
18 — Paysage avec charrette près d'un pont.
19 — Vue prise dans la Haute-Égypte.

M. DIAZ.

20 — Jardin du Harem, avec femmes groupées.
21 — Vaches dans l'intérieur d'une forêt.
22 — Nymphes dormant sur l'herbe.
23 — Odalisque dans un bois.
24 — Jeune femme jouant avec un jeune enfant.
25 — Femme entourée d'enfants.

DUCLOS, DE LYON.

26 — Charrue attelée de bœufs.

DUCROS.

27 — Douce contemplation.

M. DURAND-BRAGER.

28 — Marine, effet de soleil couchant.

M. DUBUFFE (Edouard).

29 — Jésus-Christ entouré de petits enfants.
30 — Entrée de Notre-Seigneur à Jérusalem.

M. DECAISNE.

31 — Les petits Savoyards.

M. DUBUFFE père.

32 — La jeune mère. Tête d'étude.

M. DE DREUX-DORCY.

33 — La Liseuse.

M. DE DREUX (Alfred).

34 — Cheval lancé au galop, monté par un jockey.
35 — Une amazone.
36 — Chien de berger.
37 — Laletorière, écuyer du temps de Louis XV.

M. DECAMPS.

38 — Rivière avec barque, près de laquelle sont
      des Turcs.
39 — La Guenon se mirant.
40 — Pâtre italien. Copié par M. Guillemin.

M. DEBON.

41 — La Fiancée de Lammermoor.

M. DUPRÉ (Victor).

42 — Lisière de forêt.

M. D'ORSCHVILLER.

43 — Taureau dans un pâturage, près d'un saule.
44 — Vaches au repos près d'une mare.

M. DE DREUX-DORCY.

45 — Une Conversation.

M. DUVIEUX.

46 — Intérieur de cour.

FRAGONARD.

47 — Un Amour.

M. FINART.

48 — Paysage : sur le devant, une femme et des bestiaux.

M. FLERS.

49 — Moulin à eau ; bords de la Seine.
50 — Vue prise à Charenton.

M. FÉLON.

51 — Christ et Vierge aux Anges.

M. GIRAUD.

52 — Passage d'un ruisseau.
53 — Jeune Normande, ses sabots à la main, mettant les pieds dans la mer.

M. LEPOITEVIN.

78 — Chevaux attelés à une herse.

79 — Le Droit du Seigneur.

MURILLO (D'après).

80 — L'Education de la Vierge, par M. BÉRANGER.

81 — La Vierge de Séville. Très jolie copie par M. Béranger.

MILLET.

82 — Le Repos.

M. MULLER.

83 — La Balançoire.

84 — Ondine sortant des roses.

85 — La Sieste.

M. MORET (Charles).

86 — Paysage : vue de Fontainebleau.

M. PHILIPPOTEAUX.

87 — Un Bivouac d'Arabes.

PRUD'HON (D'après).

88 — La Justice et la Vengeance divine poursuivant le Crime.

M. PINGRET.

89 — Femme italienne et berger près du Tibre.

M. PLACE (H.)

90 — Marine et falaise.

M. PARIS.

91 — Bestiaux dans un pâturage.
92 — Intérieur de bergerie.

M. QUESNET (E.).

93 — Un Arménien.

M. ROHEN (Alphonse).

94 — L'Enlèvement de Déjanire.
95 — Hercule filant auprès d'Omphale.

ROBERT (D'après Léopold).

96 — Paysans déplorant la mort de leur enfant.
Cette copie, exécutée par M. Béranger avec le soin que cet artiste met dans toutes ses œuvres, est d'autant plus précieuse que le tableau original a été détruit dans l'incendie du château de Neuilly.

M. ROQUEPLAN (Camille).

97 — L'Oiseau mort.
98 — Paysage au soleil couchant Sur le devant, de l'eau.

M. ROUSSEAU (Philippe).

99 — Homard près d'un panier.
100 — Un Astrologue.

M. ROSSIGNON.

101 — Le dernier Jour de la Pologne.

M. SCHOPPIN.

102 — Catherine Glower ; tiré de la Jolie Fille de Perthe.

103 — Cinq têtes diverses seront vendues sous ce numéro.

104 — Paul et Virginie.

105 — Paul.

106 — Entrevue de Jacob et Laban.

107 — Jacob chez Laban.

M. SCHEFFER (Ary).

108 — Femme en méditation.

M. SUTTER.

109 — Paysage et rivière.

M. SWEBACH (Edouard).

110 — Une Course au clocher.

M. SABATIER.

111 — Paysage traversé par une rivière.

M. THIERRÉE.

112 — Paysage à Fontainebleau.

M. TROYON.

113 — Vue de Saint-Cloud.

M. TISSIER (Ange).

114 — Jeune femme avec une couronne de clochettes.

UFANTER (Charles).

115 — Annibal Carrache, étant encore maçon, découvre les peintures de Raphaël qui décident sa vocation pour la peinture.

M. WYLD.

116 — Vue de l'escalier des Géants à Venise.

117 — Vue de Venise.

M. VERNET (D'après Horace).

118 — Le Départ pour la chasse. Très jolie copie par M. Abel de Pujol fils.

M. WILLEMS.

119 — La Lecture.

M. R. VOLMAR.

120 — Paysage suisse, site de rochers et cascade.

M. VIARDOT (Louis).

121 — Tête de Christ.

VALLON DE VILLENEUVE.

122 — Jeunes Suissesses au tombeau de leur mère.

PAR DIVERS.

123 — Sept têtes de bustes, hommes et femmes, seront vendues sous ce numéro.

124 — Sous ce numéro seront vendus les tableaux non catalogués.

DESSINS

ANDRÉ.

125 — Marquise d'autrefois.

M. DE BEAUMONT (Élie).

126 — Un premier prix.
127 — Le plaisir s'en va. Pastel.
128 — Petite fille tenant des petits chiens dans son
tablier.

M. BALLUE.

129 — Intérieur mauresque.
130 — Faust et Marguerite.

M. BARYE.

131 — Tigre couché.

M. BENTLY.

132 — Vue de Plymouth.

M. BROCHART.

133 — Le Médaillon.

M. COIGNET.

134 — Paysage : sur le devant une mare.

M. CORNEILLE.

135 — La Remontrance.

M. CALLOW.

136 — Marine et jetée.

M. CHARLET.

137 — Jardinier tenant le polichinelle d'un petit garçon hissé sur ses genoux pour le reprendre.

138 — Napoléon à Brienne et plusieurs petits dessins à la mine de plomb seront vendus sous ce numéro.

139 — La bonne fille ; une jeune fille présente un bouillon à un vieillard malade.

M. CICÉRI.

140 — Paysage et chaumière.

141 — Cour de ferme.

142 — Plusieurs dessins, aquarelles. Cet article sera divisé.

M. CLERGET (Hubert).

143 — Vue intérieure d'une ville mine de plomb.

M. COLIN (Alexandre).

144 — Jeune chevalier contant fleurette à une bergère.

COMPTE CALIX.

145 — Deux mines de plomb. Sujets de genre.

M. DEVERIA (Eugène).

146 — La Bonne mère, mine de plomb.

M. DAVID (Louis).

147 — Le maréchal Bernadotte monté sur un cheval blanc.

148 — Le maréchal Lannes.
149 — Le maréchal Bertrand.
150 — Le maréchal Marmont.
151 — Le maréchal Massena.
152 — Le maréchal Ney.

M. DAVID (Jules).

153 — La Bonne mère, mine de plomb.

M. DELESSART.

154 — Jeune femme appuyée sur un mur.
155 — Autre assise devant une table et lisant.

M. DELAROCHE (Paul).

156 — Une sainte femme.
157 — Saint Louis en Palestine.

M. DECAMPS.

158 — Les Singes tonneliers.
159 — Paysage d'Italie, sur le devant un paysan
      suivi de son chien. Pastel.

M. DEDREUX (Alfred).

160 — Le Départ pour la chasse. Croquis.
161 — L'Entrée en chasse.

FELON.

162 — Deux dessins. Jeune fille et jeune femme.
163 —   Id.   Simplicité et Richesse.

M. FLERS.

164 — Une cour en Normandie.

16

M. FONTENAY.

165 — Paysage à la mine de plomb.

M. HOGUET.

166 — Marine.
167 — Paysage et étang.
168 — Baraque et château près d'une falaise.
169 — Une carrière.
170 — Paysage et fabriques.
171 — Rivage de mer ; sur le devant un treuil.
172 — Bac sur la grève.
173 — Paysage. Sur le devant de l'eau un pont rustique.
174 — Paysage, site montueux.
175 — Autre avec personnage sur le devant.

M. E. HILDEBRANDT.

176 — Paysage et débris de baraques.
177 — Marine à rochers.

M. HARDING.

178 — Paysage et fabriques, sur le devant un pont.

M. HEROULT.

179 — Paysage coupé par une rivière ; sur le devant une barque à voile.

M. JOLY.

180 — Paysage, mine de plomb.
181 — Chûte d'eau,   id.
182 — Maison de paysan au bord de l'eau.

M. JOHANNOT (Alfred).

183 — Don Juan secouru par Haydé.

M. JOHANNOT (Tony).

184 — Les Adieux de Roméo à Juliette.
185 — La Dame charitable.

M. KREMER.

186 — Jeune paysanne un panier au bras ; derrière elle un petit garçon porte un fagot.

M. LAMI (Eugène).

187 — Le maréchal Berthier.
188 — Un combat.
189 — Une revue à la place du Carrousel.
190 — Attelage anglais dans un Parc.

M. LEPAULE.

191 — Paysage, effet de soleil couchant.

M. E. LORSAY.

192 — Roger et Mlle Darcy dans les Mousquetaires de la Reine.
193 — Bressan et Mme Rose Chéri, dans Suzanne.

Mme LELOIR (Héloïse).

194 — Chinoises dans un jardin.
195 — Jeune femme regardant un dessin.
196 — La jeune Mariée.
197 — La jolie Bouquetière.
198 — Jeune fille à laquelle l'on pose une guirlande de fleurs.

199 — Le Collier.
200 — Jeune fille près d'un Volubilis.
201 — Jeunes femmes sur le perron d'un château.
202 — L'Eventail.
203 — Le Bouquet.
204 — Aquarelle. Petite câline.
205 — L'Hiver.

LATOUR (F.)

206 — Pastel. Chapeau de paille.

M. LEVASSEUR.

207 — Napolitaines près d'une barque.

208 — Jeunes femmes près d'une fenêtre parlant
  à un perroquet.

M. LEMERCIER (Charles).

209 — Jeune fille tenant un pigeon.

M. MARTINET.

210 — Henri IV au tombeau de Fleurette.

M. F. MILLET.

211 — Pifferarris jouant de la cornemuse.

M. MASSON.

212 — L'Ange Gardien.

MORIN (Gustave).

213 — Deux dessins. Sourire et Larme.

M. MIDY.

214 — La Visite au Curé pendant son dîner, d'après M. Jacquand.
215 — L'Empereur à Eylau, d'après M. Gros.
216 — Jeune femme assise les bras croisés.
217 — Paysan Breton buvant à une cruche posée sur un mur.
218 — Jeune femme près d'une croisée, d'après M. Court.
219 — Le Domino Rose, Id.

M. MARSAUD.

220 — La Pauvre Famille.
221 — Le Braconnier.

MOYNE (Antonin).

222 — Deux paysages au pastel.

OUTEWAITE.

223 — Aquarelle. Le vieux Londres.

M. PAPETY.

224 — Jeune femme romaine assise sur une pierre.

M. ROQUEPLAN (Camille).

225 — La Visite du Médecin.

M. RAMELET.

226 — Jeune femme dans un jardin lisant.
227 — Jeune fille de la campagne de Rome.

STAAL.

228 — Rigolette et Fleur-de-Marie.

M. SWEBACH.

229 — Entrée en chasse.
230 — La Course au Chocher.
231 — Autre   id.
232 — Mail Coach lancé au galop.

M. THÉNOT.

233 — Le Moulin.

TOUDOUZE (Anaïs).

234 — Aquarelle. Italienne au puits.
235 —   Id.   Le Piano.
236 —   Id.   L'Aumône.

M. VIDAL.

237 — Julie Grisi, dans Norma.

M. VATTIER (Émile).

238 — Conversation dans un jardin.

M. WYLD.

239 — Intérieur d'une ville d'Italie, aquarelle.
240 — Paysage en Algérie.
241 — Le Palais des Doges, à Venise.
242 — Vue de Venise.
243 — Tous les articles qui auraient été omis au
         présent Catalogue seront vendus sous ce
         numéro.

825) Imp. de MAULDE et RENOU, rue Bailleul, 9-11.